PALABRAS

GIUSEPPE DE CRESCENZO

PALABRAS

Colección corta de emociones y suspiros
Raccolta breve di emozioni e sospiri

Español   edición   Italiano
bilingüe

© 2021 Giuseppe De Crescenzo
PALABRAS
Colección corta de emociones y suspiros
Raccolta breve di emozioni e sospiri

Maquetación: Giuseppe De Crescenzo
Diseño de la cubierta: Giuseppe De Crescenzo
Fotografía y diseño: Giuseppe De Crescenzo
Ilustraciones: Giuseppe De Crescenzo
Giulia De Crescenzo
María Rueda García

palabras.gd@gmail.com

ISBN: 978-84-09-36866-2
Depósito Legal: V-3890-2021

Primera edición: 2021

© 2021 Giuseppe De Crescenzo
Tutti i diritti di copyright sono riservati
Progetto grafico e impaginazione: Giuseppe De Crescenzo
Impresión: BoD – Books on Demand
info@bod.com.es - www.bod.com.es
Impreso en Alemania – Printed in Germany

a mi hija Giulia
a mia figlia Giulia

AGRADECIMIENTOS

Gracias a mi hija Giulia que con su determinación ha hecho posible la realización de este proyecto.

Gracias a mi pareja Carmen por su paciencia y sus útiles consejos.

Gracias a mi sobrino Edoardo por su atenta lectura y correcciones del texto en italiano.

Gracias a los lectores por compartir algunas emociones y suspiros de este libro.

RINGRAZIAMENTI

Grazie a mia figlia Giulia che con la sua determinazione ha reso possibile la realizzazione di questo progetto.

Grazie alla mia compagna Carmen per la sua pazienza e per i suoi utili consigli.

Grazie a mio nipote Edoardo per la sua attenta lettura e le correzioni del testo in italiano.

Grazie ai lettori per condividere alcune emozioni e sospiri di questo libro.

INTRODUCCIÓN

"Corsi e ricorsi". La historia se repite.
Como afirma la teoría del filósofo Giambattista Vico la historia no avanza de forma lineal empujada por el progreso, sino en forma de ciclos que se repiten.
Pasos adelante y pasos hacia atrás.
Los cambios que se alternan, aunque se visten con nuevo look y se equipan con tecnologías diferentes, se repiten en los comportamientos marcando el continuo perseguir y alternar entre bien y mal, permanente y efímero, altruismo y egoísmo ...
De los rugientes años 20'a los años de la gran depresión.
De la guerra civil española al plan Marshall pasando por la segunda guerra mundial, por las leyes raciales, por el Holocausto.
De los años de la Guerra Fría a la globalización pasando por el muro de Berlín.
De la *net-economy* a la gran burbuja, la palabra mágica es "web".
Pandemia. Vacunas. NextGenerationEU. Un nuevo *boom* económico va de camino pero, ¿palabras como desigualdad? ¿Derechos humanos? ¿Hambre en el mundo? ¿Pobreza? ¿Respeto por los demás? ¿Inclusión? ¿Libertad de opinión? ¿Búsqueda de la verdad? ¿Redistribución? ¿Trabajo? ¿Vivienda? ¿Cambio climático?
¡Nada, nada de nada! ¡Olvidado! ¡Llega la geopolítica de la vacuna! Nuevas desigualdades crecen. Las palabras vuelan y se quedan los suspiros.
Es el perenne juego de la oca donde quien tiene suerte está parado solo una vuelta, pero los que empiezan de cero son siempre los mismos.

INTRODUZIONE

"Corsi e ricorsi". La storia si ripete.
Come afferma la teoria del filosofo Giambattista Vico la storia non procede in modo lineare sospinta dal progresso ma, in forma di cicli che si ripetono.
Passi avanti e passi indietro.
I cambiamenti che si avvicendano seppur vestiti con nuovo look e dotati di tecnologie differenti, si ripetono nei comportamenti come a marcare un eterno inseguirsi e susseguirsi tra bene e male, permanente ed effimero, altruismo ed egoismo ...
Dai ruggenti anni'20 agli anni della grande depressione.
Dalla Guerra civile spagnola al piano Marshall passando per la Seconda guerra mondiale, per le leggi razziali, per l'Olocausto.
Dagli anni della Guerra fredda alla globalizzazione passando per il muro di Berlino.
Dalla net-economy alla grande bolla, la parola magica è "web".
Pandemia. Vaccini. NextGenerationEU. Un nuovo boom economico è in cammino però... parole come disuguaglianza? diritti? fame nel mondo? povertà? rispetto dell'altro? inclusione? libertà di espressione? ricerca della verità? redistribuzione? lavoro? casa? cambiamento climatico?
Niente! Dimenticato! Arriva la geopolitica del vaccino!
Nuove disuguaglianze crescono. Le parole volano e restano i sospiri.
È il perenne gioco dell'oca dove chi è fortunato sta fermo un giro, però a ripartire da zero sono sempre i soliti.

oltre il monte

l'ultimo
giallo d'ottobre
rimasto caldo
ragnatela di rami spogli
f i l t r a v a

morbide curve
leggeri pendii
intravedevo

su quello
il cui declivio più di ogni altro
volgeva al cielo

uomini
nella nuda roccia
avevano scolpito

P A C E

más allá del monte

el último
amarillo de octubre
aún cálido
en una telaraña
de ramas desnudas se
f i l t r a b a

mórbidas curvas
ligeras pendientes
se entreveían

en una de ellas
de un declive más suave
que miraba al cielo

hombres
en la desnuda roca
habían esculpido

A M O R

bagliori

in diffusi bagliori
arida tenerezza
lamento di un bimbo

folgore
illumina il cammino

cielo di giovani mani
protese invocano
guida alla vita

destellos

en difusos destellos
árida dulzura
lamento de un niño

relámpago
ilumina el camino

cielo de jóvenes manos
extendidas invocan
guía a la vida

Castello Svevo di Trani

pupille

pupille
s'incontrano
spazio senza tempo

sotto un tetto di rosso tramonto
intenso penetrarsi di sguardi
abbracciano illusione
d'alba libera
da pregiudizi e ipocrisie

dalla pietra bianca
l'ombroso castello scruta
riluttante a lasciarsi carpire
fattezze dal fotogramma
morte su misera carta

invano
lascerà suoi lontani bagliori
cullare
sogni di speranza
nella tenebrosa notte

pupilas

pupilas
se encuentran
espacio sin tiempo

bajo un techo de rojo atardecer
intenso fundir de miradas
abrazan ilusión
de un amanecer libre
de prejuicios e hipocresía

de la piedra blanca
el sombrío castillo escruta
reacio a dejarse sonsacar
sus rasgos por el fotograma
difuminados sobre simple papel

en vano
dejará sus lejanos destellos
mecer
sueños de esperanza
en la tenebrosa noche

incontro

rivolo di pomeriggio caldo
su davanzali di verde
vita e colori nei fiori

da un lastricato consunto
antichi portici
emanano gelo

tanti e nessuno nella piazza
testa china su nero vestito
pensieri di grigio torpore
dolore
tristezza
dallo sguardo vuoto
occhi senza vita

falce abbatteva vita
ignara
spegnevi luce d'infinito
in anima
trafitta da affannosi perché

amore
occhi senza corpo
desiderio d'eterno

encuentro

un asomo de calurosa tarde
sobre repisas de verde
vida y colores en las flores

de un empedrado consumado
antiguos porches
irradian frialdad

todos y nadie en la plaza
cabeza gacha sobre un vestido negro
pensamientos de gris sopor
dolor
tristeza
de la mirada perdida
ojos sin vida

guadaña arrebataba vida
inconsciente
apagabas luz de infinito
en el alma
atravesada de jadeantes porques

amor
ojos sin cuerpo
deseo de eterno

ilustración: Giulia De Crescenzo

amore per la vita

universo di punti senza luce
voragine desolata senza fondo
in crollo d'anima sperduta

perché linfa non ridoni
tenebre

rivivere stelo
d'un fiore appassito
imponendo armonia di colori

luce senza fine

amor hacia la vida

universo de puntos sin luz
abismo desolado sin fondo
se hunde el alma perdida

tinieblas
por qué no devuelves la linfa

revive el tallo
de una flor marchita
imponiendo armonía de colores

luz sin fin

desiderio

amore
sogni lontani
ebbrezza
mete vicine

aleggia un sospiro

scende la notte
incanto
desiderio d'Eterno

deseo

amor
sueños lejanos
embriaguez
metas cercanas

asoma un suspiro

baja la noche
encanto
deseo de Eterno

estasi

petali bianchi
contornano
corolla di giallo

l'oro
cui ti cingi
risplende
su morbido bianco

in un ondeggiante susseguirsi
piacevoli curve
sfiorate
da sottili carezze

corpi
si abbracciano si fondono
come la luce della luna
dentro le onde del mare

estasi

éxtasis

pétalos blancos
bordean
corola de amarillo

el oro
con el que te ciñes
brilla
sobre blanco suave

en un ondeante suceder
agradables curvas
rozadas
de sutiles caricias

cuerpos
se abrazan se funden
como la luz de la luna
en las olas del mar

éxtasis

palabras

enbaker

ispirata a un'opera dell' artista Enrico Bacherini

in vortici di luce
esplodono cerchi

rosso azzurro giallofosforescente
dagli abissi
risale eco di colori

Energia
cerchio fortissimo avvolge

in raggi d'infinito
si sperdono forme
ombre di colori
in fuga dal centro

enbaker

en remolinos de luces
explotan círculos

rojo azul amarillofluorescente
desde el abismo
remonta eco de colores

Energía
círculo fortísimo envuelve

en rayos de infinito
se pierden formas
sombras de colores
en fuga del centro

natale 83

angeli di luce
nel cielo
rintocchi di festa
destano
silenzio d'attesa

cuori di popoli
invocano un desiderio
dimenticato
in animi sordi

Amore
ricolma vuoti
illumina menti

pace nell'universo
a l l e l u i a

navidad 83

ángeles de luz
en el cielo
campanadas de fiesta
despiertan
silencio de la espera

corazones de pueblos
invocan un deseo
olvidado
en almas sordas

Amor
llena vacíos
ilumina mentes

paz en el universo
a l e l u y a

occhi

occhi
luci colorate
riflesse in bianchi sorrisi
sulla sabbia
carezze d'acqua

ombre danzanti
si perdono
in onde di suoni

proiettati nello spazio
corpi conturbanti
ricercano forme

silenzio d'attesa
placa l'onda
cornice di bianco
al buio della notte

ojos

ojos
luces de colores
reflejadas en blancas sonrisas
sobre la arena
caricias de agua

sombras danzantes
se pierden
en olas de sonidos

lanzados en el espacio
cuerpos sensuales
buscan figuras

silencio de espera
aplaca la ola
marco de blanco
a la oscuridad de la noche

bende

squarcio di lotta senza limiti
podi di vittoria
sulla sabbia

dai vertici
speranze di vita
falciate

fermati
eleva lo sguardo
ascoltati

uno strazio
riduci la vita

non calpestare il passato
bagaglio
di vite vissute
focolare
di candide speranze

sapienza antica
invoco
ridona
luce d'Amore

vendas

desgarro de lucha sin límites
podios de victoria
sobre la arena

por los líderes
esperanzas de vida
cortadas

para
levanta la mirada
escúchate

un suplicio
reduces la vida

no pises el pasado
bagaje
de vidas vividas
hogar
de cándidas esperanzas

sapiencia antigua
invoco
vuelve a dar
luz de Amor

ahhh

ahhh
urlo sul selciato
dolore nel volto
occhi di lacrime
rivivono immagini agghiaccianti

buio
l'attimo dell'addio
congiunzione
del presente all'eterno

ahhh

ahhh
grito sobre el empedrado
dolor en el rostro
ojos de lágrimas
reviven imágenes horribles

oscuridad
el instante de la despedida
conjunción
del presente a la eternidad

ombre

ombre
si allungano si avvicinano
danzano
nella carezza di una brezza

sombras

sombras
se extienden se acercan
danzan
en la caricia de una brisa

sonno

buio
di vergine tenero bosco
senza notturni rapaci pensieri
invoco

sueño

oscuridad
de virgen cariñoso bosque
sin nocturnos rapaces pensamientos
invoco

Retone a Bocca D'Arno - Marina di Pisa

28/11 relativo

un saluto a Giovanni un amico scomparso

sapore
di vita vissuta
tra bizzarra giovinezza
e infelice presente

in continua ricerca
dell'Assoluto
caduto in concrete Realtà
proteso nell'infinito

ti lasci cullare
tra immense braccia d'acqua

in estasi di pensiero
e ricerca dell'Eterno
il mare
tuo inseparabile compagno
lo ami
lo rispetti
ti dona la vita

tu
con animo implacabile
vivi
intime emozioni

28/11 relativo

sabor
de vida vivida
entre extravagante juventud
e infeliz actualidad

en continua búsqueda
del Absoludo
caído en concretas Realidades
extendido en el infinito

te dejas mecer
en inmensas brazas de agua

en éxtasis de pensamiento y
búsqueda del Eterno
la mar
tu inseparable compañera
la amas
la respetas
te da vida

tú
con ánimo implacable
vives
íntimas emociones

trabocco di rosso

trabocca di rosso
specchio dell'azzurro
ombre degli abissi

cerchio
sul calice dell'orizzonte
diffonde suoi ultimi bagliori

desborde de rojo

desborda de rojo
espejo del azul
sombras del abismo

círculo
sobre el cáliz del horizonte
propaga sus últimos destellos

reproducción: María Rueda García

sentire il bosco

paesaggio
intricato di rami
pauroso
allungarsi d'ombre
vergine natura

esplora viscere occulte
svegliati animo sordo
carpisci segreti del bosco

realtà

oír el bosque

paisaje
enredado de ramas
aterrador
estirarse de sombras
virgen naturaleza

explora vísceras ocultas
despiértate alma sorda
capta secretos del bosque

realidad

triangoli di sole

oggi il mare si veste a festa
dal bianco sull'azzurro mare
salpano triangoli di sole

competono impetuosi
colori gonfi di vento
sfilano e si fondono
nell'altalena delle onde

la prua solca veloce
fende il silenzio
rotto dall'onda

si perde lontano
nell'orizzonte
dove in un abbraccio
l'azzurro del mare
sfuma nell'azzurro del cielo

triángulos de sol

hoy el mar se viste de fiesta
del blanco sobre el mar azul
zarpan triángulos de sol

compiten raudos
colores hinchados por el aire
desfilan y se funden
en el vaivén de las olas

la proa corre rápida
surca el silencio
roto por la ola

se pierde lejano
en el horizonte
donde en un abrazo
el azul del mar
desdibuja en el azul del cielo

materia

esanime in blocchi
passa
per le mani dell'artista

le forme
escono dalla materia
prendono vita
fluttuano nell'aria

il ferro
si muove danza
ballano esili verticalità

la pietra
libera sensualità
in tutta la sua grazia femminile

all'improvviso dal legno
sinuosità
prende forma di vento
sale
soffia

silhouette
si lanciano
in vortici vibranti

materia

inspirada en las obras del artista Vicent Ortí

exánime en bloques
pasa
por las manos del artista

las formas
saliendo de la materia
se vuelven vida
flotan en el aire

el hierro
se convierte danza
bailan esbeltas verticalidad

la piedra
libera sensualidad
en toda su femenina gracia

de repente de la madera
sinuosidad
toma forma de viento
sube
sopla

siluetas
se lanzan
en vórtices vibrantes

surfeando

come ali al vento
colori sgargianti
svettano veloci sull'onda
volteggiano
s'impennano
si gonfiano di vento

solcano ariaonde
in un volo quasi irreale
si librano
scendono
toccano il mare e
di nuovo si lasciano andare

ricomincia la danza
ritmo d'un'orchestra che
diffonde sinfonia
di armonia e di colori

surfeando

a Carmen 16 de julio

como alas al viento
colores chillones
se alzan raudos sobre la ola
revolotean
se encabritan
se hinchan con el viento

surcan aireolas
en un vuelo casi irreal
flotan
bajan
tocan el mar y
de vuelta se dejan llevar

reanuda la danza
ritmo de una orquesta que
difunde sinfonía
de armonía y de colores

la nave pirata

ogni giorno
salpa dal porto di Gandia
la feluca di Toni
allegro brigantino
con la ciurma camerierepirata

sfilano vestiti di nero
con mascherina nera
carichi di ricche pietanze che
rallegrano il palato dei commensali

la cambusa emana
odori intensi che
preludono a estasi di piacere
il cambusiere si compiace
per la sua abilità
e sforna piatti
a gran velocità

già è buio
Toni il capitano
con la sua grande amabilità
sempre attento ai suoi convitati
conduce felice
la sua nave in porto
pronto l'indomani
a salpare ancora
per il meraviglioso mare

giuseppe de crescenzo

la nave pirata

al amigo Toni Galo

cada día
zarpa del puerto de Gandía
el falucho de Toni
alegre bergantín
con la tripulación camareropirata

desfilan vestidos de negro
con mascarilla negra
cargados de ricos platos que
alegran el paladar de los comensales

de la cocina emanan
aromas intensos que
preludian un éxtasis de placer
el cocinero se congratula
por su habilidad
produciendo platos
a gran velocidad

ya está oscuro
Toni el capitán
con su gran amabilidad
siempre atento a sus convidados
conduce feliz
su nave al puerto
listo para el día siguiente
zarpar de nuevo
por el hermoso mar

le torte di Susana

quando i palati
incontrano
le creative e deliziose
torte di Susana
campane a festa annunciano
dolci sinfonie

si aprono le danze dei sapori

nocciole incontrano cioccolati fondenti
bignè scoppiano
di delicata crema pasticcera

gli ingredienti
passano per le mani dell'artista
si incontrano
si abbracciano
si fondono in una sapiente miscela

spirali di colori
accendono di desiderio
bellissime torte
ricche di piacere

los pasteles de Susana

a la artista e amiga Susana

cuando los paladares
encuentran
los creativos y deliciosos
pasteles de Susana
campanadas de fiesta anuncian
sinfonías dulces

se abren las danzas de sabores

avellanas encuentran chocolate fondant
beignets estallan
con delicada crema pastelera

los ingredientes
pasan por las manos de la artista
se encuentran
se abrazan
se funden en una mezcla magistral

espirales de colores
encienden de deseo
hermosos pasteles
ricos de placer

quién quiero ser
chi voglio essere
quién quiero ser

quién quiero ser
chi voglio essere
quién quiero ser

quién quiero ser
chi voglio essere
quién quiero ser

?

l'arte del compromesso

ero bambino
e a volte apparivano in tv
figure grigie con abiti grigi con capelli grigi

gli adulti mi raccontavano che
quelli erano i saggi della nazione
illuminati e lungimiranti

per il bene comune e
per lo sviluppo del futuro
ripartivano i soldi del paese
attraverso l'arte del compromesso

sono adulto
non indosso abiti grigi
ma i miei capelli sono grigi

e quasi sempre appaiono in tv
figure
che ora indossano i colori
della menzogna e del superego
dell'arroganza e del disprezzo

e urlano e urlano
sei un [...] e tu un [...]
e tu [...] e tu [...]

el arte del compromiso

era un niño
y de vez en cuando aparecían en la tele
figuras grises con trajes grises con pelo gris

los mayores me contaban que
aquellos eran los sabios
iluminados y con visión de futuro

por el bien común y
para el desarrollo del futuro
repartían el dinero del país
mediante el arte del compromiso

soy mayor
no llevo trajes grises
pero mi pelo es gris

y a menudo aparecen en la tele
figuras
que ahora llevan los colores
de la mentira y del superego
de la arrogancia y del desdén

y gritan y gritan
eres un [...] y tú un [...]
y tú [...] y tú [...]

però ingenuamente mi chiedo
perché giocano solo
a screditare l'avversario
è forse un nemico da abbattere
o sarà pura finzione solo teatro

dov'è l'arte del compromesso
dove sono il bene e il futuro della nazione

forse è solo ingordigia
desiderio di sedersi
sulla montagna di dobloni
e tenerseli tutti
magari solo per tuffarsi
di tanto in tanto

però dai non ti ossessionare

già forse hai ragione
mi sto sbagliando
non è l'arte del compromesso
questa è un'altra storia
si chiama Paperon de' Paperoni
è lo zio ricco di Paperino

pero ingenuamente me pregunto
porqué sólo juegan
a desacreditar al adversario
es quizás un enemigo que derribar
o será pura ficción sólo teatro

dónde está el arte del compromiso
dónde están el bien y el futuro del país

tal vez es sólo codicia
deseo de sentarse
encima de la montaña de doblones
y quedárselos todos
ojalá sólo por zambullirse
de vez en cuando

pero qué vá no te obsesiones

ya quizás tengas razón
me estoy equivocando
no es el arte del compromiso
esta es otra historia
se llama Tío Gilito
es el tío rico del Pato Donald

diritti per nascita

nessuno ha scelto di nascere
qualcun altro ha scelto per lui
per questo ci sono diritti
che devono considerarsi
regali per la nascita
e durare per tutta la vita

diritto all'acqua
diritto all'aria
diritto alla sanità pubblica
diritto alla scuola
diritto al lavoro
diritto ad un tetto per dormire
diritto ad almeno un'opportunità
diritto ad una vecchiaia dignitosa

i più fortunati alla loro nascita
trovano per caso
una lista di regali molto più lunga

e se fossero loro
a farsi carico di agire affinchè
i meno fortunati non perdano
i loro regali di nascita

sarebbe forse chiedere troppo

derechos por nacimiento

nadie ha elegido nacer
alguien más eligió por él
y por eso hay derechos
que deben considerarse
regalos por el nacimiento
y durar para toda la vida

derecho al agua
derecho al aire
derecho a la sanidad pública
derecho a la escuela
derecho al trabajo
derecho a un techo para dormir
derecho al menos a una oportunidad
derecho a una vejez digna

aquellos más afortunados al nacer
encuentran por azar
una lista de regalos mucho más larga

y si fueran ellos que
se hicieran cargo de actuar para que
los menos afortunados no perdieran
sus regalos por nacimiento

sería eso mucho pedir

cose facili

chi sono io
chi sei tu
per dire
chi sono i buoni e chi sono i cattivi

il dito
sempre puntato
aspettando un passo falso un errore

e giù critiche giudizi
e sentenze
e condanne

a morte a morte

non è degno è cattivo
non vale niente
non ha mai lavorato in tutta la sua vita
ben gli sta
non merita di vivere

e chi sei tu

io sono ok
e
lui no

cosas fáciles

quién soy yo
quién eres tú
por decir
quiénes son los buenos y quiénes los malos

el dedo
siempre apuntando
esperando un desliz un fallo

y entonces críticas juicios
y sentencias
y condenas

a muerte a muerte

es indigno es malo
no vale nada
nunca ha trabajado en toda su vida
le está bien
no se merece vivir

y quién eres tú

yo soy ok
y
él no

ecosostenibile

ecosostenibile
ecosostenibile
bla bla bla
bla bla bla

crescita ecosostenibile
ambiente ecosostenibile
economia ecosostenibile
mobilità ecosostenibile
riscaldamento globale
cambiamento climatico
azione per il clima

green deal
sfide
opportunità
riconversione
transizione equa e inclusiva per tutti
blue economy
economia circolare
biodiversità
efficienza energetica
energia pulita

promesse ecosostenibili
o solo bla bla bla

giuseppe de crescenzo

ecosostenible

ecosostenible
ecosostenible
bla bla bla
bla bla bla

desarrollo ecosostenible
medioambiente ecosostenible
economía ecosostenible
movilidad ecosostenible
calentamiento global
cambio climático
acción por el clima

green deal
retos
oportunidad
reconversión
transición justa e inclusiva para todos
blue economy
economía circular
biodiversidad
eficiencia energética
energía limpia

promesas ecosostenibles
o sólo bla bla bla

siamo già
individui ecosostenibili
o meglio
le nostre teste
sono ecosostenibili
il lavoro dell'uomo
è ecosostenibile

o
alla fine di tutto questo fracasso
ci resterà solo l'algoritmo

e
ripartendo dal via
come nel gioco dell'oca

e
lottando per i diritti
per riconquistare quello che
una volta avevamo già

toccherà aspettare l'arrivo
di un'intera generazione
ecosostenibile

per sperare che le cose
cambino davvero

ya somos
individuos ecosostenibles
más bien
nuestras cabezas
son ecosostenibles
el trabajo del hombre
es ecosostenible

o
al final de todo este ruido
nos quedará sólo el algoritmo

y
volviendo a empezar
como en el juego de la oca

y
luchando por los derechos
para volver a ganar
lo que una vez tuvimos ya

tendremos que esperar la llegada
de toda una generación
ecosostenible

para esperar que las cosas
realmente cambien

pandemia

non più uno
due tre di più di più

temporaneo contro eterno
per tutta la vita
non più

fluido fluido
effimero effimero
consumare per rimpiazzare

continuare comprando e buttando
comprare comprare e buttare
buttare e ricomprare

egoismo e protagonismo
entra in scena
la nuova etica
v a f f a n c u l o

tutto è superficiale
me ne frego
marito e moglie
lavatrice e frigorifero
genitori e figli
televisione e telefono

giuseppe de crescenzo

pandemia

no uno más
sino dos y tres y más y más

transitorio contra eterno
para toda la vida
se acabó

líquido líquido
efímero efímero
consumir para reemplazar

seguir comprando y luego tirando
comprar comprar y tirar
tirar y recomprar

egoísmo y protagonismo
la nueva ética
sube al escenario
v e t e a l a m i e r d a

todo es superficial
me da igual
marido y mujer
lavadora y nevera
padres e hijos
tele y teléfono

fame e povertà
armi e migranti
speculazione e grande bolla
bambini e violenza
scandalo e vergogna
automobile e computer
e plastica e plastica
e di più e di più
... e ...
... e ...
bla bla bla
bla bla bla
... ...
... ...
e la spazzatura
e la salute
e la vita
qualcosa di orribile sta accadendo

vaccino vaccino
prima io
prima io

...
il nuovo boom economico
è già in cammino
questa volta finalmente tocca a me

lascia stare non farti illusioni
tu non sei tra gli invitati

hambre y pobreza
armas y migrantes
especulación y burbuja
niños y violencia
escándalo y vergüenza
coche y ordenador
y plástico y plástico
y más y más
... y ...
... y ...
bla bla bla
bla bla bla
... ...
... ...
y la basura
y la salud
y la vida
algo terrible está pasando

vacuna vacuna
yo primero
yo primero

...
el nuevo boom económico
va de camino ya
esta vez por fin me toca

déjalo déjalo no te hagas ilusiones
tú no estás invitado

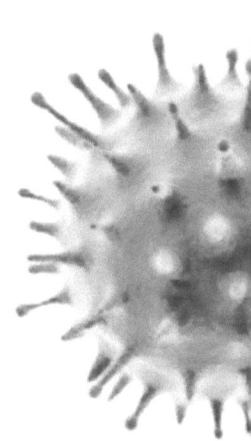

raccontaci

*lettera a un amico arrabbiato con se stesso
e a tutti coloro ai quali il coronavirus negó il diritto
all'ultimo commiato*

smetti di essere arrabbiato con te stesso
e raccontaci la tua anima

non importa come
un racconto una poesia un canto
un urlo qualsiasi cosa

ci interessa

scopri il tuo tormento
urla il tuo dolore
incontra la tua pace

cuéntanos

carta a un amigo enfadado consigo mismo
y a los que el coronavirus les negó el derecho
a la despedida

deja de estar enfadado contigo mismo
y cuéntanos tu alma

no importa cómo
un cuento una poesía un canto
un grito lo que sea

nos interesa

descubre tu tormento
grita tu dolor
encuentra tu paz

i soldi hanno fretta

sbrigati sbrigati
non fermarti
fai in fretta e di corsa
ma perché i soldi
vanno sempre così di fretta

i soldi si spostano sempre
dalla tasca di uno alla tasca di un'altro
e dopo quando sono tanti
accumulati e accumulati
corrono a nascondersi

e dove
nei paradisi

e perchè
perchè altrimenti
se li prendono

e devono fare in fretta
correndo da un paradiso all'altro
così è più difficile trovarli

e perché chi ne ha molti
ne chiede sempre di più
e di più e di più

el dinero va deprisa

date prisa date prisa
no pares
deprisa y corriendo
pero por qué el dinero
siempre va tan deprisa

el dinero siempre viaja
del bolsillo de uno al bolsillo de otro
y luego cuando hay mucho
amasado y amasado
corre a esconderse

y dónde
en los paraísos

y por qué
porque si no alguien más
lo va a coger

y tiene que ir deprisa
corriendo de un paraíso a otro
así es más difícil encontrarlo

y por qué quien tiene mucho
siempre quiere más
y más y más

tanto affanno per niente
se alla fine morirà lo stesso
come tutti gli altri

non sarà che
i soldi ci rendono immortali
ahahaha

non sarà che oggigiorno
per avere leadership è necessario
avere più soldi che carisma

o forse
uno ha paura che i soldi finiscano
ha paura di essere meno potente
ha paura di non potersi curare
ha paura di diventare povero

però che follia
avere tanti soldi
e fingere sempre di essere povero

figurati
che peccato
per chi è morto di povertà
magari
lo avesse scoperto prima

però ... la festa finisce
quando l'asino capisce

tanta angustia por nada
si al final se va a morir
igual que todos los demás

no será que
el dinero nos hace inmortales
jajajaja

no será que hoy en día
para tener liderazgo es necesario
tener más dinero que carisma

o tal vez
uno tiene miedo que el dinero acabe
tiene miedo de ser menos poderoso
tiene miedo de no poder cuidarse
tiene miedo de hacerse pobre

pero qué locura
tener mucho dinero
y siempre fingir ser pobre

e imagínate
qué pena
para quien se ha muerto de pobreza
ojalá
se hubiera enterado antes

pero ... acaba la fiesta
cuando el burro se entera

sfide in rete

un urlo
nel silenzio assordante
aiuto aiutami
mi sto perdendo
mi sto perdendo

non sono nessuno
a nessuno importa
e allora social media
io voglio essere un "influencer"
che faccio per essere "influencer"
e come faccio

parkour estremo
rooftopping
metring
train surfing
balconing
...

noia
vuoto
temerarietà
follia

retos virales

un grito
en el silencio atronador
ayuda ayúdame
me voy a perder
me voy a perder

no soy nadie
a nadie le importa
y entonces redes sociales
yo quiero ser un "influencer"
qué hago para ser "influencer"
y cómo lo hago

parkour extremo
rooftopping
metring
train surfing
balconing
...

aburrimiento
vacío
temeridad
locura

qual'è il limite
qualche giorno accadrà qualcosa
se non riesci a concludere ...

sfidare la morte
giocarsi la vita

semplicemente stupidità
o
nuove droghe
ossessione per la popolarità
ego
followers
adrenalina
e
dopo l'adrenalina
molte volte arriva la disgrazia

che bisogno c'è di fare così
che bisogno c'è di giocarti la vita
dove porta tutto questo
ne vale la pena

e il tuo futuro
qualunque sia
quantunque non ti piaccia
affrontalo
potrai sempre provare a cambiarlo
e magari riuscirci

non ti arrendere

giuseppe de crescenzo

cual es el límite
algún día algo va a pasar
si no llegas a concluir ...

desafiar la muerte
jugarse la vida

simplemente tontería
o
nuevas drogas
obsesión por la popularidad
ego
seguidores
adrenalina
y
después de la adrenalina
muchas veces llega la desgracia

hay necesidad de hacer eso
hay necesidad de jugarte la vida
dónde acaba esto
pues merece la pena

y tu futuro
lo que sea
si bien no te gusta
afróntalo
siempre podrás intentar cambiarlo
y ojalá lo consigas

no te rindas

reproducción: María Rueda García

arti e mestieri

ieri

ciabattino
sarta
arrotino
ferro battuto
maniscalco
barbiere
ricamatrice
cestaio
spazzacamino
cordaio
ceramista
corniciaio
falegname
radiotecnico
riparatore di elettrodomestici
contadino
...

artes y artesanías

ayer

zapatero
costurera
afilador de cuchillos
hierro forjado
herrero
barbero
bordadora
canastero
deshollinador
cordelero
alfarero
enmarcador
carpintero
técnico de radios
reparador de electrodomésticos
campesino
...

oggi

influencer
youtuber
instagrammer
blogger

influencer
youtuber
instagrammer
blogger

influencer
youtuber
instagrammer
blogger

influencer
youtuber
instagrammer
blogger

hoy en día

influencer
youtuber
instagrammer
blogger

influencer
youtuber
instagrammer
blogger

influencer
youtuber
instagrammer
blogger

influencer
youtuber
instagrammer
blogger

futuro

quando qualcosa non funziona
o si rompe
non si ripara più
si getta alla spazzatura

vado davanti a una stampante 3d
e mi stampo
un vestito nuovo
le scarpe nuove
la borsa nuova
un orologio nuovo
un mobile nuovo
una televisione nuova
una lavatrice nuova
una casa nuova

e

aspetta aspetta un momento
che forse forse mi stampo anche
un piatto di spaghetti
con pomodoro e basilico
e così
... il pranzo è servito

futuro

cuando algo no funciona
o se rompe
ya no se arregla más
se tira directamente a la basura

voy delante de una impresora 3d
y me imprimo
un traje nuevo
unos zapatos nuevos
un bolso nuevo
un reloj nuevo
un mueble nuevo
una televisión nueva
una lavadora nueva
una casa nueva

y

espera espera un momento
que ojalá pudiera imprimir también
un plato de espaguetis
con tomate y albahaca
y así
... la comida estaría lista ya

soldi soldi

c'era una volta
l'ascensore sociale
tutti sapevano che attraverso
l'istruzione il lavoro e il reddito
potevi innalzare il tuo stato sociale

poi l'ascensore si è rotto
è scomparsa la meritocrazia
è aumentato l'abbandono scolastico
la ricchezza si è concentrata sempre di più
nelle mani di pochi

corsi e ricorsi
nuovi modelli sociali si affermano
quelli che tutto e subito

non importa l'istruzione
non importa il lavoro
quello che importa adesso sono
followers e soldi subito

e io
che ho studiato tanti anni
e i miei genitori
che hanno speso tutti i soldi
finanziando i miei studi

dinero dinero

había antaño
el ascensor social
todo el mundo sabía que por medio
de la educación del trabajo y de los ingresos
podías elevar tu estatus social

luego el ascensor se ha roto
ha desaparecido la meritocracia
hay más deserción escolar
la riqueza se ha concentrado más y más
en manos de unos pocos

corsi e ricorsi
surgen nuevos modelos sociales
aquellos del todo y enseguida

no hace falta la educación
no hace falta el trabajo
lo que importa ahora son
seguidores y dinero rápido

y yo
que he estudiado muchos años
y mis padres
que se han gastado todo el dinero
financiando mis estudios

sono ingegnere
ho fatto il master
ho studiato le lingue straniere
ora sono un milleurista
e faccio le consegne
a tempo di algoritmo

e allora non sei niente e nessuno

però
se sei molto conosciuto
se hai molti followers
se guadagni molti soldi
dagli introiti pubblicitari

allora si che sei ok

io sono influencer
io sono instagrammer
io sono youtuber
io sono blogger
io sono ok
e tu no

è questa la società che vogliamo

giuseppe de crescenzo

soy ingeniero
hice el máster
he estudiado varios idiomas
ahora soy mileurista
y hago el repartidor
según el algoritmo

y entonces no eres nada ni nadie

pero
si tienes mucha popularidad
si tienes muchos seguidores
si ganas mucho dinero
de ingresos publicitarios

entonces si que eres ok

yo soy influencer
yo soy instagrammer
yo soy youtuber
yo soy blogger
yo soy ok
y tú no

es esta la sociedad que queremos

conversazione in una chat di compravendite

28 febbraio
-[C.] Ciao è negoziabile il prezzo?
2 marzo
-[C.] Ciao ho comprato le scarpe se vuoi devi accettare l'offerta per favore!
-[V.] Mi dispiace di solito riscuoto prima attraverso bizum e dopo faccio gli invii per posta
-[C.] Che faccio ora?
-[V.] Ti ho rifiutato l'offerta nell'applicazione
-[C.] Si però voglio comprare le scarpe signore come facciamo?
-[V.] Vado alla posta a chiedere quanto ti costerebbe l'invio e poi ti faccio sapere d'accordo?
-[C.] Ok grazie mille molto gentile
11 marzo
-[V.] Ciao l'invio ti costerebbe 8€ più le scarpe in totale sarebbero 48€ ti sta bene?
-[C.] Ok
-[V.] D'accordo allora inviami un bizum di 48€ e dopo vado alla posta per l'invio
-[C.] Non so cosa è bizum
-[V.] Informati nella pagina web della tua banca

conversación en un chat de compraventas

28 de febrero
-[C.] Hola es negociable el precio
2 de marzo
-[C.] Hola he comprado los zapatos si quieres tienes que aceptar la oferta por favor!
-[V.] Lo siento normalmente cobro antes por bizum e luego hago envíos por correos
-[C.] Qué hago ahora?
-[V.] Te he rechazado la oferta en la aplicación
-[C.] Sí pero quiero comprar los zapatos señor cómo hacemos?
-[V.] Iré a correos para preguntar cuánto te costaría el envío y te diré algo vale?
-[C.] Ok muchas gracias muy amable
11 de marzo
-[V.] Hola buenas el envío te costaría 8€ más los zapatos en total serían 48€ bien?
-[C.] Ok
-[V.] Vale entonces envíame un bizum de 48€ y luego iré a correos a hacerte el envío
-[C.] No sé qué es bizum
-[V.] Infórmate en la página web de tu banco

-[**C.**] Inviami un numero di conto e ti
verso i 48 euro
al momento non ho un conto bancario
-[**V.**] E se non hai conto bancario come fai
a trasferirmi i soldi?
-[**C.**] Vado alla sua banca e faccio il ver-
samento allo sportello oppure per cassa
automatica
-[**V.**] Mi dispiace l'unica forma che uso
per riscuotere è bizum. Guarda è molto
semplice! È un'applicazione che in Spa-
gna tutte le banche hanno nella propria
pagina web. Devi solo scaricarla e la tieni.
È completamente gratis e sicura non serve
il numero di conto né dati, serve solo il
numero di cellulare

12 marzo

-[**C.**] È che siccome al momento non ho
un conto con nessuna banca non posso
utilizzare questo servizio di bizum.
Perchè non accetti con questa modalità, è
ugualmente semplice
-[**V.**] Come te, che hai fatto sempre senza
un conto bancario, io ho sempre fatto in
questo modo, sempre è andato tutto bene,
nessuno si è mai lamentato e allora non
vedo perché dovrei cambiare! Un saluto
-[**C.**] D'accordo ok
non era mia intenzione farti arrabbiare
solo che mi piacciono le scarpe scusami

giuseppe de crescenzo

-[**C.**] Envíame un número de cuenta y le ingreso los 48 euros
de momento no tengo contrato con ningún banco
-[**V.**] Y si no tienes cuenta bancaria cómo vas a hacerme la transferencia?
-[**C.**] Voy al banco donde tiene usted y hago ingreso en la ventanilla o por cajero
-[**V.**] Lo siento la única forma que utilizo para cobrar es bizum. Mira es muy fácil! Es una aplicación que todos los bancos de España tienen en su propia página web. Necesitas sólo descargarla y ya la tienes. Es completamente gratis y segura no necesita ningún número de cuenta ni datos, sólo número de móvil

12 de marzo

-[**C.**] Es que como de momento no tengo cuenta con ningún banco no puedo utilizar este servicio de bizum
por qué no aceptas con la aplicación también es sencillo
-[**V.**] Como tú que siempre has hecho sin tener cuenta con ningun banco, yo también he hecho siempre de esta manera, siempre ha salido todo bien, nadie nunca se ha quejado y entonces no veo por qué tengo que cambiar! un saludo
-[**C.**] Vale ok
lo siento no era mi intencion enfadarte sólo que me gustan los zapatos perdóname

-[**V.**] No non sono arrabbiato, solo che mi sono dato questa regola che è sempre andata bene. Comunque se ti interessano le scarpe organizzati con qualche amico che ha bizum. Vedi tu
-[**C.**] D'accordo vado a cercare un amico grazie
-[**V.**] Di niente

30 marzo

-[**C.**] Ciao signore
tuttavia non ho incontrato nessuno con bizum
le verso i soldi direttamente sul suo conto che ne dice?
è che mi piacciono molto le scarpe per favore
?
-[**V.**] Se le scarpe ti piacciono molto sei tu quello che deve cambiare abitudini non io! Allora procurati bizum in una banca e comprati le scarpe.
Un saluto

12 luglio

-[**C.**] Ciaooo possiedo già bizum come faccio che non lo so è la prima volta
?
-[**V.**] Ciao ora non ci sono, quando ritorno ti contatto d'accordo?
-[**C.**] Perfetto grazie mille
-[**V.**] Di niente

giuseppe de crescenzo

-[**V.**] No no estoy enfadado pero sólo aplico esta regla que siempre me ha ido bien. De todas formas si te interesan los zapatos organízate con algún amigo que tiene bizum. Apáñatelas tú
-[**C.**] Vale voy a buscar a un amigo gracias
-[**V.**] De nada

30 de marzo

-[**C.**] Hola señor
todavía no he encontrado a nadie con bizum
le ingreso los dineros directamente a su cuenta
le parece?
es que me gustan mucho los zapatos porfa
?
-[**V.**] Si los zapatos te gustan mucho eres tú el que tiene que cambiar hábitos no yo! Entonces consigues bizum en un banco y cómprate los zapatos.
Un saludo

12 de julio

-[**C.**] Holaaa ya tengo bizum cómo hago que no sé es la primera vez
?
-[**V.**] Hola ahora no estoy, cuando vuelva te contactaré vale?
-[**C.**] Perfecto muchas gracias
-[**V.**] De nada

lamentarsi

perché la gente
si lamenta sempre

e non mi piace
e se fosse un pò di più
e perché a lui si e a me no
si ce l'ho però non è abbastanza
è che prima era ... e adesso no
è che ma se fosse ... sarebbe meglio
e perché non fai in un altro modo
uffa fa un caldo insopportabile
brrr fa un freddo da morire

e perché questo
e perché quello
e io cosa
e perché
e perché

perché la gente si lamenta

perché gli piace

quejarse

por qué la gente
siempre se queja

y no me gusta
y si fuera un poquito más
y por qué a él sí y a mí no
sí tengo pero no es bastante
es que antes era ... y ahora no
es que pero si fuera ... sería mejor
y por qué no lo haces de otra forma
uff hace un calor insoportable
brr hace un frío que te mueres

y por qué esto
y por qué aquello
y yo qué
y por qué
y por qué

por qué la gente se queja

porque le gusta

ehi

ehi amico
ma che fai
perché i pezzi grossi
si mangiano i piccoli

ma
se sempre è stato così
e sempre sarà così
perché credi che
le cose vadano diversamente

e perché no

perché i piccoli
sono deboli
sono piccoli
sono indifesi
e soprattutto
non hanno quei cazzo di soldi

oye

oye tío
pero qué haces
por qué los peces gordos
se comen los pequeños

pero
si siempre ha sido así
y siempre será así
por qué te crees que
las cosas van a cambiar

y por qué no

porque los pequeños
son débiles
son pequeños
son indefensos
y sobre todo
les falta el puto dinero

primavere

all'amico Ciccio

disteso
sotto l'ombra del pineto
odi melodie d'ali

dal profondo della stipa
sale afrodisiaco
profumo d'imminente primavera

nello schiudersi di un fiore
aleggia il pensiero
tra ricordi lontani
e future primavere

primaveras

tumbado
bajo la sombra del pinar
oyes melodías de alas

de debajo de la tierra
sube afrodisíaco
perfume de inminente primavera

en el hermoso abrir de una flor
aletea el pensamiento
entre lejanos recuerdos
y futuras primaveras

Índice